Jacques FLACH

LE CODE DE HAMMOURABI ET LA CONSTITUTION ORIGINAIRE DE LA PROPRIÉTÉ DANS L'ANCIENNE CHALDÉE

Extrait de la *Revue historique,*
Tome XCIV, 1907.

(*Les tirages à part ne peuvent être mis en vente.*)

PARIS
1907

Jacques FLACH

LE

CODE DE HAMMOURABI

ET LA

CONSTITUTION ORIGINAIRE DE LA PROPRIÉTÉ

DANS L'ANCIENNE CHALDÉE

Extrait de la *Revue historique,*
Tome XCIV, 1907.

PARIS
1907

LE CODE DE HAMMOURABI

ET LA CONSTITUTION ORIGINAIRE DE LA PROPRIÉTÉ DANS L'ANCIENNE CHALDÉE.

Fustel de Coulanges s'est voué à l'histoire des institutions avec une connaissance très imparfaite du droit : la critique lui en a fait grief et elle a pu le faire sans trop d'injustice. Jules Oppert regrettait une lacune analogue chez les assyriologues, ses confrères : « Pour l'intelligence des textes juridiques, disait-il, des études de droit sont d'une nécessité inéluctable; sans elles, toutes les interprétations sont boiteuses. Ces études ne permettent pas seulement de reconnaitre les particularités de certaines lois, elles façonnent l'esprit à discerner ce qui est possible et ce qui ne l'est pas, ce qui est adéquat et ce qui est un non-sens[1]. »

La découverte du Code de Hammourabi a mis en claire évidence la justesse de ces paroles. Malgré la science linguistique des interprètes, ni la traduction princeps de Scheil ni les traductions nombreuses, en toutes langues, qui l'ont suivie n'ont échappé au double écueil qu'Oppert signalait. La collaboration même d'un jurisconsulte et d'un assyriologue de profession n'a pas suffi pour en préserver. Voyez le résultat de l'association de MM. Peiser et Kohler[2], voyez le biais auquel ils ont dû se résigner : une traduction mot à mot, — souvent inintelligible, *impossible*, aurait dit Oppert, — et en regard une paraphrase où le sens devient plausible, mais où la version littérale est sacrifiée sans merci.

C'est que toute traduction d'un document de cette nature exige un corps à corps, un contact intime avec le texte. Faute de quoi, on pourra bien s'en approcher, le contourner, on ne l'enlacera pas.

1. *Zeitschrift für Assyriologie*, t. XIII, p. 248.
2. *Hammurabi's Gesetz*. Leipzig, 1904.

L'historien du droit, s'il ne veut pas bâtir sur une base fragile et chancelante, n'a donc d'autre ressource que de maîtriser lui-même la langue des documents. Et comment hésiterait-il devant des découvertes qui reculent de milliers d'années les bornes de l'histoire juridique de l'humanité? Pour ma part, je n'ai pas craint de tenter l'effort, et la traduction de Hammourabi, que je publierai très prochainement, permettra de juger de son fruit.

Mais le Code de Hammourabi n'est pas un monument qui puisse se suffire à lui-même. Il veut être étudié dans ses sources, son milieu et ses prolongements. Il a derrière lui toute une antiquité juridique dont il est l'aboutissant. Nous en avons la preuve directe dans l'existence de fragments de lois beaucoup plus anciennes et qui paraissent même visées par ce Code, les fameuses lois dites sumériennes, dont sept articles nous ont été conservés dans des exercices de grammaire. Nous en avons d'autres preuves dans les contrats antérieurs à Hammourabi, qui se réfèrent très visiblement à des lois écrites et, sans doute, à une sorte de code ou de compilation dont ils reproduisent des formules, puis dans la circonstance que Hammourabi lui-même se sert de formules identiques, identiques donc non seulement à d'anciens contrats, mais à des lois plus anciennes encore.

Qu'était cette législation antécédente? A quelle date pouvait-elle remonter? Comment était-elle née? Si à toutes ces questions nous n'avons pas encore de réponse satisfaisante, nous pouvons du moins entrevoir des lignes directrices et tenter des travaux d'approche.

Tout d'abord, la religion et la magie chaldéennes ne laissent aucun doute sur la grande part qui revient dans la formation des coutumes ou des lois, d'une part aux rituels, d'autre part aux oracles; les premiers donnant naissance à des prescriptions à la fois religieuses et civiles, les seconds constituant des jugements qui avaient force de loi pour l'avenir. Mais nous voudrions davantage, nous voudrions savoir pour quels hommes, dans quelles cités ces lois embryonnaires virent le jour. Est-ce au nord, au centre ou au sud de la Chaldée que se place leur lieu d'origine?

I.

Jusqu'il y a trente ans, tous les regards se dirigeaient vers Babylone ou vers Ninive. On espérait trouver autour de ces deux grandes métropoles, autour de la première surtout, la clef de l'antiquité chaldéenne. On se trompait. On se trompait en principe en cherchant dans le nord et dans l'intérieur des terres les débuts d'une civilisation qui devait être née beaucoup plus au midi et à proximité de la mer, de la mer qui, indépendamment du trafic qu'elle sollicite, fournit un aliment indispensable à l'homme, le sel. On se trompait encore, parce que les terribles dévastations dont les capitales chaldéennes avaient été la proie et la durée relativement récente de leur existence étaient autant de causes d'échec, autant de sources de déception. Ce qu'il fallait trouver, c'était une cité importante remontant à la plus haute antiquité et enfouie, disparue depuis une époque extrêmement reculée, quelque chose comme une Pompéi chaldéenne. Et c'est là ce que trouva notre admirable explorateur, mort à la peine après onze campagnes de magnifiques fouilles (1877 à 1900), M. de Sarzec.

La cité de Lagaš, dont M. de Sarzec a exploré les ruines à Tello, a été, avant l'époque où le nom de Babylone apparaît pour la première fois dans l'histoire, dès le ve millénaire avant J.-C., tantôt dominatrice, tantôt dominée par les rois d'autres cités chaldéennes, si bien que temples, inscriptions, monuments de toute nature dus à des conquérants étrangers nous renseignent sur eux, leurs villes, leurs mœurs ou leurs lois, et, par une réciprocité heureuse, les monuments des rois indigènes de Lagaš ne concernent pas seulement la cité elle-même, mais les autres cités qu'ils dominèrent. De plus, par une rare fortune, les dévastations ont été ici moins profondes : dès le temps de Hammourabi, par son avènement même, l'hégémonie passa définitivement au nord de la Chaldée, Lagaš rentra dans l'ombre, des alluvions, en guise de lave, recouvrirent ses ruines.

Après Lagaš, Suse a livré ses trésors aux pionniers de la science française. Capitale de l'Élam qui, par la civilisation et les armes, rivalisa avec la Chaldée, ses alternatives incessantes de victoire et de défaite l'ont transformée en musée triomphal de la Chaldée vaincue et ont amoncelé en couches profondes sur son sol les témoins de son propre passé.

Il est aisé de voir comment les origines du Code de Hammourabi s'éclairent par les découvertes de Lagaš et de Suse, pour ne parler que de celles-là. Grâce aux premières, nous pouvons étudier les éléments nombreux et divers qui sont entrés dans la composition des coutumes antécédentes : mœurs, actes royaux, rites magiques, etc. Nous pouvons nous représenter leur naissance, comme celle des nôtres, en des lieux distants, leur contingence, le droit commun qui s'élabora en elles par le passage de l'hégémonie d'une cité à une autre. C'est ce fonds commun, tout ensemble local et généralisé, traditionnel et pratique, qui a été compilé, coordonné, codifié, placé sous la protection des dieux, comme de ses inspirateurs, par le puissant conquérant, le Napoléon chaldéen qui porte nom Hammourabi. Et c'est à Suse que fut découverte son œuvre, comme si un exemplaire officiel de notre Code civil, perdu pour la postérité, devait être exhumé après quatre mille ans à Berlin ou à Saint-Pétersbourg, où les envahisseurs de 1814 l'eussent emporté.

La période coutumière, dont je viens de parler, s'éclaire par les contrats, mais elle s'éclaire surtout aussi par les inscriptions antiques, dont les plus précieuses ont été publiées ou interprétées par deux assyriologues de premier ordre, MM. Scheil et Thureau-Dangin[1]. C'est de ces inscriptions que je veux m'occuper d'abord, en tenant compte de l'aspect extérieur des monuments qui les portent et en leur demandant plus spécialement ce qu'elles peuvent nous apprendre sur la constitution originaire de la propriété en Chaldée.

II.

L'étude approfondie et prolongée à laquelle je me suis livré au Collège de France sur les institutions primitives m'a convaincu que, chez tous les peuples, la naissance de la propriété est en étroite connexité avec les croyances animistes, avec le tabou qui en est une manifestation essentielle. L'objet taboué devient intangible, et il est taboué parce qu'il est le siège d'un esprit, bon ou mauvais, le bon devenant mauvais si on le mécontente, le dérange ou le trouble; le mauvais défendant plus énergiquement encore que le bon l'objet qu'il occupe ou qu'il garde. Qu'un arbre soit taboué, il n'est plus permis, sans s'exposer aux pires conséquences, d'en cueillir les fruits. Une hutte ou une récolte sera protégée contre toute atteinte si, pour y pénétrer, il faut rompre un fil dans lequel un esprit réside.

L'action de l'esprit invisible ne se limite pas plus à l'objet dont il a fait son siège que l'action de l'homme ne se réduit à ce qui touche directement son corps. Il y a pour l'un et pour l'autre une sphère d'énergie ou d'influence qui s'étend aux entours. Être sous le regard d'un homme, à portée de sa main ou de son arme peut être aussi dangereux que d'entrer en contact matériel avec lui. De même des esprits. Ils rayonnent autour du siège qu'ils occupent. Quand ils sont placés à l'entrée d'une demeure, ils la défendent mieux qu'une sentinelle ou une garde; quand ils sont placés à l'entrée d'un champ, ils en interdisent l'accès à l'intrus ou à l'envahisseur. C'est toute une fonction qu'ils exercent, c'est un office dont ils sont investis.

Cet office, chez les anciens Chaldéens, est dévolu à deux grandes

1. M. Scheil, dans les *Mémoires de la Délégation de Perse;* M. Thureau-Dangin, dans son beau livre : *les Inscriptions de Sumer et Akkad* (Paris, 1905).

catégories d'êtres surnaturels : les esprits protecteurs, anges gardiens individuels ou familiaux, et les grands dieux, dont la présence *réelle* profite au grand nombre.

L'homme, dès les premiers âges, éprouvait le besoin de s'assurer un protecteur spécial, personnel. Si le protecteur était le même pour tous, quelle sécurité suffisante pouvait-il offrir à chacun dans ses rapports avec ses semblables? Et, en effet, dans l'ancienne Chaldée, nous voyons que chaque individu a sa déesse ou son dieu particulier, son bon démon, son démon familier, *šêdu* ou *lamassu*, comme on voit l'Indien ou l'Océanien avoir son totem.

L'esprit protecteur, pour veiller sur la personne, veille sur la maison. Les rituels magiques l'appellent, l'invoquent dans ce but. Il menace de sa colère tous ceux qui franchiront ou violeront, démons ou hommes, la borne, la barrière qu'il défend, l'enceinte que sa présence rend sacrée et inviolable. Cette présence est manifestée par les statues de taureaux ailés qui se dressent à la porte des palais, et, dans les demeures plus humbles, par les statuettes qu'on suspend aux linteaux. Elle est assurée d'une façon mystérieuse et durable par les figurines enfouies dans les fondements des maisons et des temples et par les rites magiques et religieux dont la fondation était entourée.

Nous ne savons pas, il est vrai, si les Chaldéens ont jamais eu la coutume, observée chez maints peuples primitifs, d'enterrer sous la demeure une victime humaine, pour la tabouer, pour satisfaire et retenir la divinité protectrice, mais deux dispositions du Code de Hammourabi pourraient bien être la survivance d'une telle coutume. L'homme qui a perforé le mur d'une maison est mis à mort et enterré à l'endroit même où il a pratiqué la brèche (§ 21) et une peine analogue frappe celui qui a fait imprimer une fausse marque[1] à l'esclave d'autrui : il est enterré, semble-t-il, près de la porte de la maison[2] au maître de laquelle il a voulu nuire (§ 227). Ne serait-ce pas pour livrer le coupable en proie aux démons familiers et peut-être même pour augmenter la sécurité de la demeure?

Les *lamassu* peuvent du reste être multiples, comme le furent les

1. Non pas d'esclave *inaliénable*, comme tout le monde a traduit, mais d'esclave *marron*, comme je le prouverai.

2. M. Scheil a traduit : « On l'enterrera *dans sa maison* », ce qui ne me paraît pas rigoureusement exact. Il y a dans le texte : *ina bâbi*, près de la porte (bâbu) et non pas : *ina bîti*, et le pronom suffixe *šu* a ici un sens très indéterminé, puisqu'il est question dans l'article de trois personnes : l'instigateur, le marqueur, l'esclave marqué. L'analogie du § 21 rend donc vraisemblable qu'il s'agit de la maison de l'esclave marqué.

dieux lares des Romains (comme le sont ceux des Japonais), et de grands dieux leur sont souvent adjoints. La variété même des objets retrouvés dans les fondations l'atteste. Ils vont depuis le clou magique destiné à éloigner les mauvais esprits jusqu'à la statuette du dieu ou de la déesse, dont la tiare ou les cornes prouvent la divinité. Et, à mesure que l'art se perfectionne, la signification juridique se précise. Comme l'a remarqué M. Heuzey, une figurine de fondation du temps d'Ur-Bau, représentant un dieu agenouillé qui enfonce dans le sol un gros pieu taillé en pointe[1], a toutes les apparences d'un *dieu-terme*.

Il est vrai que les figurines les plus nombreuses se sont rencontrées dans les substructions des temples, et l'on peut se demander si leur office n'y perdait point toute raison d'être puisque la divinité puissante à qui le temple était voué y résidait en personne. En réalité, les abondantes trouvailles faites dans les temples sont des manifestations très distinctes de la foi ou de la superstition chaldéenne. L'objet des unes était de témoigner au dieu d'une dévotion, d'une soumission absolue, afin de se concilier sa bienveillance et s'assurer sa présence. L'objet des autres était d'offrir au dieu des serviteurs, des auxiliaires dont, si grand qu'il fût, il pouvait avoir besoin contre les rivaux, les démons, les hommes eux-mêmes.

C'est dans la première catégorie que rentrent les images du roi, de ses fils, de sa famille, de ses serviteurs ou sujets portant sur la tête le *dupšikku*, la couffe, la corbeille de travail, pour témoigner au dieu un dévouement de corvéable et d'esclave[2]. Ce rite, qui s'est conservé jusqu'à l'époque ninivite, a, de même que les autres rites de fondation (libations d'huile, d'aromates, de lait ou de miel sur les premières briques, etc.), un grand intérêt pour l'historien des institutions, car la présence du dieu qu'ils visent à réaliser devient pour le peuple tout entier une protection de sa personne et de son bien, une sauvegarde des faibles contre les usurpations et les abus de pouvoir des forts, d'un mot, la source même du droit[3].

1. *Découvertes en Chaldée*, pl. VIII *bis*, fig. 1.

2. Le terme *dupšikku* a pris le sens de corvée.

3. Les grandes inscriptions des rois de Lagaš, Urukagina et Gudéa, mériteraient, à ce point de vue, une étude spéciale. Je m'en tiendrai ici à quelques traits. — Urukagina doit son pouvoir au dieu Ningirsu; il est le restaurateur de la *liberté* et de l'ordre (Thureau-Dangin, *Inscr.*, p. 77, 87), le destructeur de la *servitude* (p. 81), parce qu'il « a rétabli les décrets et fait demeurer dans le pays la *parole* que son roi, Ningirsu, avait prononcée » (p. 81), c'est-à-dire la parole de justice. En conséquence, les abus cessent : extorsions des fonctionnaires et des prêtres (p. 85, 89), parmi lesquelles je relève les droits qu'ils prélevaient en cas de répudiation (p. 89) et un *droit de prise* sur les animaux

III.

Ce qui se pratiquait pour les maisons pouvait, à certains égards au moins, se pratiquer pour les champs. On y pouvait enterrer en certains points choisis des amulettes, des fétiches protecteurs, usage antique qui nous est attesté ailleurs, par exemple dans l'Inde, où de tels objets servirent plus tard de témoins, comme nos pierres-bornes. On les pouvait suspendre aussi à un arbre, à un rocher, à une clôture. Mais rien ne valait, comme efficacité durable, la pierre, la pierre qui, à l'égal de l'arbre, était *animée,* habitée par un démon ou un dieu, protégée par lui[1] et qu'on pouvait instituer à demeure en tout lieu choisi.

C'est dans le culte des pierres que je vois l'origine première des *kudurru*, des stèles-limites, dont je parlerai plus loin. Aussi peu que l'universalité de ce culte est douteuse[2], aussi certain est-il qu'une de ses manifestations principales était la *pierre levée*, représentant un *phallus*[3]. Cette forme paraît se survivre jusque dans les koudourrous de l'époque kassite et elle se décèle, quoique tronquée, dans l'ancêtre lointain de ces monuments, l'obélisque de Maništu-su, roi de Kiš, aux environs de l'an 4000 av. J.-C.

La filiation remonte certainement bien plus haut, et nous avons la possibilité, je crois, d'entrevoir les rites primitifs qui accompagnaient

(p. 85); coutumes vicieuses, telles que la polyandrie, puisqu'il est dit : « Les femmes d'auparavant par deux hommes étaient possédées, les femmes d'à présent (dans ce cas) au (*lacune*) sont jetées » (p. 89). — Pour décider le dieu Ningirsu à venir habiter le superbe temple qu'il lui a construit, Gudéa procède à une double purification : il purifie la ville de ses souillures, il purifie le peuple des injustices (p. 151-153. Cf. p. 107). Il réalise, en d'autres termes, un tabou à la fois matériel et social ou juridique. Après quoi, et une fois que le dieu aura fixé son siège dans le temple, y sera présent en personne, ce sera à lui-même et à ses serviteurs fidèles à veiller au maintien de l'ordre public et au règne du droit. Lui et son épouse, Bau, *fixent les sorts*, jugent la ville, leur temple est le lieu des jugements, leur sceptre le *sceptre d'équité*, leur parole la *parole d'équité* (p. 121 et suiv.).

1. Cf. Maspero, *Histoire ancienne de l'Orient*, t. I, p. 642, et Sayce, *The Religion of the ancient Babylonians*, cité par lui.

2. Le culte est bien connu chez les Phéniciens et les Israélites; chez les Arabes, il a été récemment signalé à nouveau par Curtiss, *Ursemitische Religion* (Leipzig, 1903), p. 92 et suiv.

3. Belser admet que l'idéogramme de *kudurru* correspond à *aufgestellte*s (*Babylon. Kudurru Inschriften, Beiträge für Assyriologie*, t. II, p. 111) et Jeremias croit que la forme typique était le *phallus*, forme qu'il retrouve dans le bloc de diorite de Hammourabi (*Das alte Testament im Lichte des Orients*, Leipzig, 1904, p. 262).

*

la pose de la pierre sacrée et la protection magique dont elle était le siège.

Nous le pouvons grâce au vieux roi de Lagaš, Eannatum, à qui nous devons la célèbre stèle des vautours, un des joyaux de notre musée chaldéen du Louvre.

Eannatum nous apprend[1] que le roi de Kiš, Mesilim (un des plus anciens prédécesseurs de Maništu-su), avait, comme souverain de Lagaš, fait une délimitation[2], érigé une stèle-limite. Cette stèle, les voisins de Lagaš, les hommes de Giš-ḫu la renversèrent pour s'emparer des champs qu'elle abornait. Eannatum la rétablit[3] après une éclatante victoire sur les usurpateurs. Une des faces de la stèle des vautours figure le combat et l'extermination des vaincus, l'autre représente l'intervention magique de la divinité. Nous y voyons apparaître un personnage mythique, un dieu qui frappe de sa masse d'armes des hommes enlacés dans un vaste filet. Et qu'est cela? L'inscription nous le prouve, la mise en action des forces vengeresses que recélait en elle la stèle renversée, et qui, par de nouveaux rites, sont incorporées à la stèle rétablie. Ces rites, le texte les décrit en un langage hiératique plein d'une sauvage énergie[4].

Le roi de Lagaš commence par prêter un serment, plus exactement par faire une conjuration. Il appelle son dieu, il le *nomme*. Le dieu se présente, et à ce moment les hommes de Giš-ḫu le *nomment* à leur tour. Ils l'invoquent, ils se lient à lui par un serment. Un fossé est creusé, qui a peut-être une signification rituelle[5], en même temps qu'il sert de limite, une stèle est dressée. Et c'est alors qu'une deuxième invocation est adressée au dieu. Des paroles sacramentelles, magiques, sont prononcées, des victimes sont sacrifiées, des

1. Galet E, col. I (Thureau-Dangin, *Inscriptions de Sumer et d'Akkad*, p. 44-45).

2. Sur un cône d'Entemena, il est dit expressément que cette délimitation a été faite par la *parole* d'Enlil, de Ningirsu et d'un autre dieu (Thureau-Dangin, *Inscriptions de Sumer et d'Akkad*, p. 62-63). L'inscription d'Eannatum parlait aussi d'un oracle, mais elle est interrompue par une lacune.

3. Nous pouvons suppléer sur ce point les lacunes (p. 28-29) de la stèle des vautours grâce à l'inscription d'Entemena, qui porte : « Eannatum... remit en place la stèle de Mesilim » (p. 65).

4. Thureau-Dangin, *loc. cit.*, p. 29 et suiv.

5. Dans les usages primitifs de beaucoup de peuples, la terre est ouverte pour boire le sang des victimes ou celui même des cojureurs. Voyez, par exemple, la *Saga* scandinave que j'ai citée dans mes *Origines de l'ancienne France*, t. II, p. 439, et les vieux rites des Romains pour l'abornement des champs : « Cum enim terminos disponerent ipsos quidem lapides in solidam terram collocabant, proximè ea loca quibus fossis factis defixuri eos erant, unguento velaminibusque et coronis eos coronabant : *in fossis* autem... *sacrificio facto*, etc. » (Siculus Flaccus, *De condit. agror.*).

imprécations sont lancées, dont l'effet sera fatal, inéluctable, par lesquelles le dieu lui-même sera lié. Son grand filet, son arme de jet s'abattra magiquement sur les violateurs ou les parjures, comme l'épervier sur le poisson[1].

Ces rites sont renouvelés à plusieurs reprises à l'adresse de toute une série de dieux, groupés, associés pour la protection des limites, comme on les figurera plus tard sur les koudourrous, mais, au lieu d'armes très diverses, nous n'en trouvons ici qu'une seule : c'est toujours le grand filet vengeur[2].

Dans une inscription un peu postérieure, celle du cône d'Entemena, l'effet suit la menace. Les gens de Giš-ḫu ont violé la parole, encouru l'anathème, ils ont renversé la stèle consacrée, franchi la limite des champs, et aussitôt s'abat sur eux le grand filet et les anéantit[3], puis les rites sont accomplis à nouveau et de nouvelles malédictions proférées[4].

Ainsi s'est associée étroitement dans l'imagination chaldéenne la vertu magique de la parole avec l'idée d'un filet que manie celui qui la prononce et où se prend celui qui la viole[5]. L'image frappa les esprits et, par une terreur salutaire, inculqua le respect du serment, protecteur de la borne[6], protecteur des champs. Elle s'implanta tant

1. « Sur les hommes de Giš-ḫu, moi Eannatum, le grand filet d'Enlil, j'ai jeté; j'ai prononcé un serment; les hommes de Giš-ḫu à Eannatum ont prononcé un serment; au nom d'Enlil, du roi du ciel et de la terre, dans le champ de Ningirsu... et un fossé jusqu'aux eaux souterraines fut creusé (*lacune*). Qui parmi les hommes de Giš-ḫu reviendra sur cette parole et dans un jour à venir contestera, si un jour cette parole ils altèrent, que *le grand filet d'Enlil par qui ils ont prononcé un serment* Giš-ḫu abatte ! » (Thureau-Dangin, *Inscr.*, p. 29-31).

2. Thureau-Dangin, *Inscr.*, p. 35 et suiv.

3. « A la parole droite de Ningirsu, guerrier d'Enlil, le grand filet (divin) abattit; des tells (funéraires) dans la plaine furent établis » (p. 65).

4. « Qu'Enlil les anéantisse, que de Ningirsu le *grand filet* les abatte » (p. 69).

5. L'image est extrêmement fréquente. On en trouvera un exemple dans un fragment d'hymne à Marduk, cité par Maspero au t. I de sa belle *Histoire ancienne de l'Orient* (p. 644) : « Quand ta puissance se manifeste qui s'y soustrait. — Ta parole est un filet souverain que tu déploies au ciel et sur la terre; — il s'abat sur la mer et la mer se retire; — il s'abat sur la plaine et les champs mènent grand deuil. » — Ce qui me frappe le plus, c'est que, dans les plus antiques mythes de Babylone, dont les fameuses tablettes de la création nous ont conservé une rédaction qui paraît contemporaine de Hammourabi, l'arme principale avec laquelle Marduk triomphe de Tiamat n'est autre que le filet (*saparu* = *šêtu*). (Voyez Tabl. IV, 41, 95, 112, etc.; Winckler, *Keilinschriftl. Textuch*, Leipzig, 1903, p. 119-120.)

6. La borne même est appelée « filet » (*saparu*), « filet dont on ne sort pas,

et si bien que nous la retrouvons chez les Juifs[1] et peut-être même chez les Grecs.

Chacun sait que le dieu qui, chez eux, présidait au serment était Horcos, fils d'Éris, fils de la discorde, qui, à certains jours, mettait les furies en mouvement contre les parjures. Son nom a servi, dès lors, à désigner le serment. Mais s'est-on enquis suffisamment de sa véritable origine? Les Grecs la rapportaient à la racine ἑρκ, enfermer, d'où ἕρκος, barrière, clôture, enceinte, et l'épithète d'ἕρκειος, donnée à Zeus, protecteur de l'enclos domestique. Et récemment M. Glotz en concluait que le serment (ὅρκος) était, dans son sens originaire, une « barrière » morale opposée à la liberté des paroles et des actions humaines[2]. Est-ce bien sûr? Ἑρκ a dû signifier enfermer, envelopper avant de signifier enclore[3], et ἕρκος veut précisément dire *filet*, filet pour prendre les bêtes fauves ou les oiseaux, filet pour prendre les poissons. Ὅρκος ne serait-il donc pas à l'origine le *filet magique* où le dieu enlaçait le parjure; arme de jet primitive, propre à saisir simultanément tous ceux qui étaient liés par le serment collectif ou la solidarité familiale. M. Glotz lui-même a parfaitement montré dans sa remarquable étude que le serment constituait une opération magique accomplie sur des pierres sacrées[4], et il n'est pas douteux que le *filet* tient une place extrêmement importante dans la mythologie grecque. Comme chez les Chaldéens, il est en connexité avec la protection religieuse de la propriété, avec le caractère sacré des pierres, avec la religion du serment[5].

Les Chaldéens, quand la terreur religieuse du serment et la vénération de la pierre et de l'écriture sacrées se furent affaiblies, y suppléèrent par des représentations figurées et des imprécations magiques propres à animer ces figures et à mettre en branle les armes dont

dressé contre le mal », dans les textes magiques (texte dans Fossey, *la Magie assyrienne*, p. 278-279).

1. Habacuc, chap. I, vers. 13-17.

2. *Études sociales et juridiques sur l'antiquité grecque*. Paris, 1906, p. 100.

3. Nous trouvons de même en assyrien *supûru*, enceinte de ville, à côté de *saparu* (ou *sapâru*), filet.

4. *Études* citées, p. 108 et suiv.

5. N'est-ce pas un fait singulièrement frappant que l'objet sacro-saint de Delphes, le siège même de l'oracle était une pierre fruste de forme ovoïde, recouverte d'un *filet?* (cf. *Dict. des antiquités*, v° *Omphalos*, p. 198). — Voyez aussi, pour les pierres sur lesquelles se prononçaient les serments les plus redoutables, l'article de Fr. Lenormant (v° *Baetylia*), et, pour la vertu magique du filet dans la mythologie grecque, la belle monographie de M. Glotz sur l'*Ordalie* (Paris, 1904), p. 51 et suiv. « Par son emploi juridique, dit-il, le filet a été sacré instrument de miracle. »

elles étaient munies[1]. Mais l'époque de Maništu-su n'en était pas encore là, et l'on peut logiquement admettre que son obélisque fut dressé et consacré par des rites analogues à ceux de la stèle des vautours.

A quel moment les imprécations ont-elles été inscrites et la présence des dieux manifestée sur la pierre même? Nous l'ignorons. En tout cas, de ce que nous n'avons pas de *kudurru* contemporain de Hammourabi, ni placé entre lui et les inscriptions de Lagaš, il est clair qu'on ne saurait conclure à une solution de continuité. Le développement naturel devait conduire, au contraire, de la stèle de Mesilim, attestant la délimitation faite par les dieux en personne, aux *kudurru* kassites, de même que ceux-ci, à leur tour, donnèrent naissance au simple *duppu* (contrat) et à la pierre-borne ordinaire. La protection divine ou magique n'est-elle pas partout visible ou sous-entendue? Pas plus que ses prédécesseurs, l'État du temps de Hammourabi n'a songé à s'en passer, et du prologue à l'épilogue, à travers le Code entier, elle se laisse suivre à la trace. La conception du droit est restée toute religieuse. C'est du dieu que toute justice émane, c'est devant le dieu, *maḫar ilim*, que toute action judiciaire doit être portée.

IV.

Les *kudurru*, dont je voudrais maintenant mettre en relief le caractère sacré, apparaissent donc comme le point d'arrivée d'une longue évolution où la protection religieuse de la propriété domine, en même temps que cette propriété, — ce sera un second point à étudier, — est familiale ou tribale.

Dans aucun de ces monuments, le rôle protecteur des bornes sacrées n'est, à mon sens, mis avec plus de force et de précision en lumière que dans le koudourrou du roi Melišiḫu (1144-1129)[2]; nulle part non plus ne se fait jour plus clairement l'analogie singulière entre la propriété ainsi protégée et sauvegardée et la *sauveté* de notre moyen âge[3].

1. Voyez sur ces figures les deux études de M. de Morgan dans *Mémoires de la Délégation en Perse*, t. I (1900), p. 165 et suiv.; t. VII (1905), p. 137 et suiv. — Je parlerai, dans une seconde étude, des réserves que j'ai à faire sur l'article qu'a publié récemment M. Cuq, sous le titre : *la Propriété foncière en Chaldée d'après les koudourrous du musée du Louvre* (*Nouv. rev. hist. de droit*, nov.-déc. 1906).

2. Publié par M. Scheil, *Mémoires de la Délégation en Perse*, t. II, p. 99 et suiv.

3. Voyez, sur la sauveté, mes *Origines de l'ancienne France*, t. II, p. 171 et suiv.

La sauveté chez nous emportait immunité; de même emporte immunité, chez les Chaldéens, la propriété garantie par leurs dieux. La concordance des termes mêmes est frappante. L'expression *zakûtu, zakû* correspond exactement à la *libertas* de nos chartes de franchise et d'immunité.

L'usurpation[1] contre laquelle le dieu doit protéger n'est pas seulement la prise de possession totale ou partielle du sol par déplacement de bornes (*ika*, fossés, *miṣra*, limites, *kudurru*, bornes). On prévoit surtout aussi l'intrusion soit des officiers royaux, soit des fonctionnaires du clan ou de la tribu, dont le domaine jusque-là dépendait. Contre les uns et les autres, le territoire doit être immune. Il leur est interdit d'y pénétrer (*erêbu*) pour y exerçer leur autorité (*piḳittu*[2]), d'y prélever des redevances ou lever des contributions (*niširta, kiṣṣata*[3]), d'exiger des hommes qui l'habitent prestations, corvées, services d'aucune sorte[4].

Nos *sauvetés* du moyen âge devaient défendre la liberté des terres contre l'établissement de coutumes injustes, de *malae consuetudines*. Les koudourrous défendent de même de convertir les terres franches en terres tributaires[5], d'établir des services coutumiers nouveaux ou d'en faire revivre qui fussent tombés en désuétude[6].

Les hommes du domaine ne peuvent être contraints de sortir du territoire ni en vertu d'un ordre royal, ni par ordre du clan ou de la

1. Elle est désignée par le verbe *tapâlu, tabâlu*, qui veut dire saisir, enlever.

2. Voyez l'appendice (III R. 45, nº 2) au *kudurru* de Marduk-nâdin-aḫê, publié par Belser (*Beiträge*, t. II, p. 125).

3. La formule habituelle est *niširta, kiṣṣata ina eḳli kânu*. Belser l'a traduite, avec l'approbation de Delitzsch, « faire des amoindrissements ou des morcellements dans le champ », ce qui ne veut pas dire grand'chose. M. Scheil me paraît bien plus près de la vérité en traduisant : « Imposer une dîme, un prélèvement sur le champ » (Kudurru de Nazimaruttaš, *Mémoires*, t. II, p. 89; de Melišiḫu, *Ibid.*, p. 101). *Kiṣṣatu* venant de *gaṣâṣu*, couper, et *nišîrtu* de *našâru*, qui a un sens analogue, nous avons presque l'équivalent de notre mot *taille* du moyen âge.

4. Les expressions générales sont *dullu* et *dupšikku*, dont la première me paraît désigner surtout le service des hommes libres ou semi-libres, et l'autre, précédée d'ordinaire d'*allu* (chaîne?, corbeille?), le travail des esclaves. Dans le détail, nous trouvons : la garde (*uzûkku*), — probablement la défense des villes fortifiées, en vue de laquelle des contingents (*dikutu*) étaient levés, — le charroi, la construction ou réfection des ponts et des chemins, les travaux d'irrigation et d'endiguement, etc.

5. La formule est : *Zakûtu iškunu ana ilki erêbu* (Kud. de Melišiḫu, p. 104-105), littéralement « faire rentrer dans les tributs les franchises octroyées » (*ilku*).

6. Kud. de Melišiḫu, p. 103.

tribu[1], et cela quelle que soit leur qualité, simple cultivateur ou ouvrier (*ḳâttinu*), *ancien* (*aśib*) ou conseiller du village[2].

L'immunité englobait donc la juridiction, donnait naissance à une justice privée, puisque les fonctionnaires étrangers ne pouvaient pénétrer sur le domaine, et qu'en fait, comme je le prouverai ailleurs, c'était dans les temples, par les prêtres du dieu local et avec le concours des *anciens* de la localité, que la justice était rendue.

Comme dans nos chartes d'immunité, le souverain qui établit la franchise la garantit contre lui-même et contre ses successeurs, contre ses propres agents ou officiers aussi bien que contre les fonctionnaires seigneuriaux, la seigneurie ici étant représentée par le clan ou la tribu.

Nos sauvetés du moyen âge étaient gardées par des croix ou par des bornes qui portaient le nom du saint ou son image, son monogramme ou son emblème (crosse, etc.). Les sauvetés chaldéennes le sont par les koudourrous, où sont inscrits les noms, sculptés les emblèmes et les armes des dieux protecteurs, parfois aussi la figure sous laquelle on se représentait la divinité elle-même. Et dans les croyances populaires il n'est pas douteux que la similitude allât plus loin. Chez nous, c'est la statue du saint qui opère directement des miracles, c'est elle que le solliciteur prend à partie, jusqu'à l'accabler d'injures et la rouer de coups quand son vœu n'est pas exaucé[3]. Chez les Chaldéens, où la magie et la religion sont inséparables, il en est ainsi à plus forte raison[4].

La présence de toutes les divinités qu'on redoute le plus est attestée, *réalisée* par leurs images sculptées. Il suffira alors de les conjurer une fois pour toutes par les formules imprécatoires inscrites sur la pierre même, — faisant corps avec elle, bien plus, faisant corps

1. Kud. de Melišiḫu, p. 102.

2. M. Scheil traduit *ḳâttinu* par hôte, *hospes*, par contraste avec *aśib*, où il voit l'habitant fixé à demeure. Mais *aśib* peut très bien être une forme de *śibu* (voyez Delitzsch, H. W., p. 652) et désigner l'*ancien* du village, que nous trouvons mentionné fréquemment dans les textes, et déjà dans l'obélisque de Manišlu-su. Pour le *ḳâttinu*, on songe tout naturellement à *ḳâtu* (main). — Les conseillers (*ameluti ša ṭemi šu*) paraissent une espèce de *judices privati*, car la même qualification sert à désigner ailleurs les fonctionnaires du clan ou ceux du roi.

3. Voyez l'exemple que j'ai cité dans les *Origines de l'ancienne France*, t. I, p. 442.

4. Imprécations terribles et répétées contre celui qui fait « enlever la pierre, la fait jeter à l'eau ou au feu, cacher en terre, maçonner dans les briques, emprisonner dans un mur, mutiler, endommager, ruiner, anéantir », et emploie à cette besogne, pour se soustraire à la vindicte divine, un inconscient ou un fou.

avec l'image des dieux, — pour que tout violateur de la propriété, consacrée par cette présence, porte la peine instantanée de son forfait, pour que toutes les calamités s'abattent fatalement sur lui, en vertu de la conjuration magique qui les énumère et qui *lie* les dieux. De là ces expressions si énergiques, si *réalistes* par lesquelles les koudourrous menacent des regards irrités des dieux[1], de l'emploi des armes dont la pierre porte la figure[2], des malédictions irrémissibles[3] qu'elle énumère et qui ne manquent jamais le coupable[4].

La *présence réelle* des dieux est aussi évidente dans les koudourrous que dans leurs temples ou dans les statues animées de l'Égypte. C'est en présence de Šamaš, de Marduk, d'Anunit que Melišiḫu écrit ses volontés sur la stèle et la dresse sur le champ qu'elles concernent[5]. C'est dans des termes dont le sens littéral, trop affaibli par les traducteurs, ne laisse aucun doute sur leur réalisme que les dieux sont conjurés : « Que tous les grands dieux qui existent dans cette pierre[6], dont les armes s'y révèlent[7], dont la demeure y est visible ou fixée[8], dont les figures y sont incrustées[9], frappent de calamités inéluctables, etc. »

1. Littéralement : « leurs faces irritées », *bûni izzuti*.

2. Elles figurent parfois dans les imprécations en même temps que la sculpture les représente. Cf. Kud. de Nazimar., *Mémoires*, t. II, p. 90-91.

3. *Arrat la napšúri* (Kud., publié par Belser, *Beiträge*, t. II, p. 126; Kud. de Melišiḫu, p. 109, etc.).

4. *Mémoires de la Délégation en Perse*, t. II, p. 110-111.

5. *Ibid.*, p. 104, 106, 107.

6. La formule est : « Dont les noms sont nommés (*šum-šunu zâkru*) dans cette pierre (*ina eli narie anni*) » (*Mémoires*, t. II, p. 89, 110; *Beiträge*, t. II, p. 120, etc.). Or, le sens rigoureux de *šuma zakâru* est *exister* (Delitzsch, H. W., p. 255). On existe quand on est nommé. La formule revient donc à dire que les dieux sont présents dans la pierre parce qu'ils sont nommés. Le même phénomène se produit par l'invocation ou la conjuration, car *šuma nabû* (appeler le nom) = exister (Delitzsch, H. W., p. 441). *Narû* est la stèle de pierre, par opposition à *tem(m)en(n)u*, la brique. Je note comme voisins les termes *narâru*, protéger, *nararu*, protecteur.

7. *Kullumu* signifie « faire voir, exhiber, faire montre de, faire apparaître ».

8. M. Scheil a traduit « dont les sièges sont représentés ». En réalité, *šubtu* veut dire « demeure, domicile » (par exemple dans le Code de Hammourabi, demeure, domicile du mari, § 171); d'autre part, si *uddâ* est, comme l'a admis très justement M. Scheil, une forme courante du verbe *idû*, voir, faire voir, nous avons une expression parfaitement synonyme de celle qui est employée pour les armes. Je me demande seulement si l'on ne pourrait pas donner ici la préférence au verbe *adû*, qui signifie « fixer, établir légalement » (Delitzsch, H. W., p. 232).

9. Littéralement : « formées » (*uṣṣuru*). — Est-ce par rencontre fortuite que l'homonyme d'*uṣurtu*, image (Delitzsch, H. W., p. 309), signifie *ban, lien fatal*, et soit désigné par le même idéogramme? (Delitzsch, H. W., p. 122.)

Et la pierre elle-même est appelée à l'existence, devient une personne animée, puisqu'elle reçoit un *nom*, signe de vie que ni les constructeurs de temple, ni les consécrateurs de statues ne manquent jamais d'imprimer à leur œuvre.

Un de ces noms surtout est remarquable, c'est celui du koudourrou de Nazimaruttaš : « Cette pierre est nommée : Nabû, garde (*naṣir*), la borne (*kudurru*) des champs[1]. »

Nabû est, en effet, soit sous son nom ordinaire, soit sous celui de Ninib, le protecteur par excellence des koudourrous, le seigneur des limites et des bornes, *bel miṣri u kudurri*, titre que les rois de Babylone lui ont emprunté en s'appelant Nebukadnezar (Nabuchodonosor[2]). Et pourquoi l'est-il? Parce qu'il est à la fois le messager des dieux et le dieu des scribes, le dieu de l'écriture, celui qu'Assurbanipal regardera comme l'auteur de toute la production livresque qu'il fera recopier (*Sagesse de Nebo*), parce qu'il est aussi l'auteur de tout lien *rikis kalama*[3], ce qui peut se rapporter à la fois au lien magique, base du contrat, et au lien familial (*kîmu*), base de la propriété collective. Sa vindicte, dès lors, pour protéger les koudourrous, dont la garde lui est confiée, s'attaque aux bornes et aux limites personnelles de l'usurpateur : « Qu'il les renverse, qu'il les détruise, qu'il les foule aux pieds[4]. »

V.

Le rapprochement avec les institutions du moyen âge n'est pas le seul qu'éveillent dans l'esprit les koudourrous chaldéens. Il en est un autre qui, à la différence du précédent, pourrait impliquer même une certaine filiation, je veux dire le rôle juridique des pierres sacrées, leur emploi comme bornes chez les Grecs.

L'animisme appliqué aux pierres apparait partout dans la Grèce primitive. Ici c'est Zeus, là Apollon, ici Eros, là Arthemis, fréquemment Hermès, qui sont non seulement représentés par la pierre, mais identifiés avec elle. La pierre fruste est ointe d'huile, enveloppée de bandelettes, ceinte de couronnes ou de guirlandes, adorée comme si elle était le corps de la divinité elle-même. Les Grecs ont conservé dans leur langue un mot dont ils avaient oublié l'origine et qui exprime l'idée chaldéenne du koudourrou, siège de la divinité.

1. *Mémoires de la Délégation en Perse*, t. II, p. 91.
2. Nebukadnezar = *Nabû kudurru uṣur* (*naṣur*), Nabu qui maintient ou protège les *kudurru*, dès lors les frontières et les pays.
3. Delitzsch, H. W., v° *riksu*, 621.
4. Kud., publié par Belser, p. 126 et note, 142.

C'est le mot βαίτυλος, simple transcription du mot sémitique Beith-El (*Bît-ili*, demeure de Dieu, nom habituel du temple chaldéen), qu'illustre si parfaitement l'histoire du songe de Jacob[1].

Voici maintenant Hermès. Les interprétations les plus contradictoires sont nées à son sujet. Pour les uns, il est la personnification des révolutions du ciel, pour d'autres, le dieu de la génération, pour une école plus récente, le dieu du vent, etc. La clef de son origine ne se trouverait-elle pas tout simplement dans sa ressemblance avec Nabû? Celui-ci est le fils de Bel-Marduk, du grand dieu du ciel, comme Hermès le fils de Zeus. Il est personnifié par la planète la plus rapprochée du soleil, précisément Hermès-Mercure, celle dont la révolution est la plus rapide. Nabû est le dieu qui appelle, qui nomme (*nabû*), le maître de la parole; Hermès l'est aussi, c'est lui qui donne à la première femme Pandore et son nom et sa voix[2]. Nabû est le messager des dieux, porteur de leurs ordres, des tablettes où sont inscrits les destins et où il les inscrit lui-même. Il est dès lors le maître de l'écriture, le patron des scribes. Hermès est le héraut, le porte-parole κήρυξ des dieux[3], il est le Λόγιος, il incarne la parole magique à laquelle nul n'échappe.

Nabû est le dieu de la germination, de la végétation. Hermès a eu pour emblème le *phallus* et la gerbe d'épis. Nabû rend des oracles, comme porteur de la parole divine. Hermès préside à la divination (ὀμφη) par les *cailloux* (θριαι), parce qu'Apollon lui a soumis les trois vierges, maîtresses des sorts rustiques (Μοῖραι[4]). Et le ravisseur des troupeaux en devient ainsi le protecteur. Il est le gardien nocturne[5], il veille aux portes[6]. Comme Nabû est le seigneur des koudourrous, Hermès est le seigneur des ἀργοι λίθοι et des ἑρμαῖ. Il est le dieu des champs, ἀγροτήρ[7], le dieu des termes, ἐπιτερμιος[8]. Il est par excellence l'αργεϊφαντης, le dieu qui se manifeste par l'*argos*[9]. N'est-ce pas

1. « Et, lorsque Jacob se réveilla de son sommeil, il dit : Certes, l'Éternel est en ce lieu-ci, sans que je l'aie su! ... Il prit la pierre dont il s'était servi comme de chevet, et l'érigea en monument, et versa de l'huile dessus, et appela ce lieu Bêth-El... Et cette pierre que j'ai érigée en monument sera une demeure de Dieu » (*Genèse*, t. XXVIII, p. 11-22; trad. Reuss, t. I, p. 389).

2. Hesiode, *Œuvres et jours*, v. 79-80.

3. Hesiode, *Ibid.*

4. Hymne homérique à Hermès, v. 549 et suiv.

5. Νυκτὸς ὀπωπητῆρα (d'ὄψομαι, une des formes d'ὁράω) (*Ibid.*, v. 15).

6. Πυληδόκον (δέχομαι, se charger de) (*Ibid.*).

7. Euripide Électre, v. 461.

8. Voyez textes cités, *Dictionnaire des antiquités*, v° *Hermai*, p. 131.

9. L'épithète αργεϊφαντης, fréquente dans Homère, a été traduite à tort par « meurtrier d'Argus ». Elle me paraît, de même que le mythe d'Argus, en étroit rapport avec l'*argos lithos*. Dans le principe, Argus n'a pas mille yeux,

lui que personnifie l'*argos lithos* quand il affecte la forme conique ou ovoïde du *phallus?* De nombreux témoignages nous le montrent sous cette forme[1]. Pausanias l'a vu de son temps encore adoré ainsi à Cyllène en Elide[2] et représenté par une pierre grossière dans son propre temple d'Hyette en Béotie[3].

A leur forme, leur couleur (d'ordinaire noire), leur provenance (souvent des aérolithes), ces *argoi* empruntaient leur caractère sacré. Ils étaient des demeures du dieu, des béthyles. Et j'estime que l'ὅρος primitif ne fut pas autre chose. C'est à peine s'il diffère par le nom d'un *argos panoptès*[4].

Dans le combat des dieux que décrit Homère au XXIe chant de l'*Iliade*, Minerve lance à la tête de Mars un ὅρος (οὖρος) qui le renverse tout du long sur le sol. Et voici ce qu'est cette arme de jet improvisée : « Une pierre noire, fruste, énorme, que les premiers hommes avaient placée pour borne (οὖρος) d'un champ[5]. »

Au chant XXII, le mot οὖρος reparaît dans le verbe ἀπουράω, et, fait notable, non pas seulement avec l'acception d'*aborner*, mais au sens même d'acquérir la propriété[6].

Exactement comme les koudourrous, pierres sculptées et ornementées (*asûmêtu*), avaient succédé chez les Chaldéens aux simples obélisques ou aux pierres phalliques, de même chez les Grecs les Hermai succédèrent aux *argoi* et aux *oroi* primitifs. C'est certainement à cette substitution que fait allusion Pausanias quand il remarque que les *argoi lithoi* étaient pour les Grecs des premiers temps l'objet de la même vénération dont jouirent plus tard les monuments figurés (ἀγαλμάτα[7]). Et rien prouve-t-il mieux que la multiplication infinie, la

mais trois ou quatre, et, s'il a été tué par Hermès au moyen d'une pierre, c'est que l'*hermès* s'est substitué à l'*argos*.

1. Cf. *Dictionnaire des antiquités*, v° *Mercurius*, p. 1803, note 21.

2. Pausanias, VI, 26,5.

3. Pausanias, IX, 24,3.

4. Ὅρος dérive, selon moi, d'ὁράω, d'où ὅρομαι, veiller, et sous la forme ionienne οὖρος, qui, dans Homère, est employé tour à tour au sens de pierre-borne et de gardien ou protecteur.

5. *Iliade*, XXI, v. 403 et suiv. — On serait même tenté de croire que, si le formidable Mars (son corps recouvrait sept arpents) fut jeté à bas si prestement par la main d'une déesse, c'est que la pierre elle-même était douée d'une vertu vengeresse. Pallas ne triomphe-t-elle pas en s'exclamant : « Insensé, les Erinnies ont réalisé contre toi les imprécations que ta mère a proférées quand tu as trahi ta foi. »

6. *Iliade*, XXII, v. 489.

7. Pausanias, VII, 22,4 : « Τὰ δὲ ἔτι παλαιότερα καὶ τοῖς πᾶσιν Ἕλλησι τιμας θεῶν ἀντὶ ἀγαλμάτων εἶχον ἀργοὶ λίθοι » (*Dictionnaire des antiquités*, v° *Argoi lithoi*, p. 413, note 4).

vogue immense des Hermai, la profondeur et l'étendue des racines qu'avait poussées dans l'antique Hellade le culte du dieu protecteur des bornes, dont j'ai cru entrevoir le prototype dans le Nabû chaldéen ?

Les développements qui précèdent et les conclusions qu'on en peut tirer ne sauraient infirmer en rien, tout au contraire, la thèse exposée avec tant d'éclat par Fustel de Coulanges, que « trois choses ont eu entre elles, à l'origine, un rapport manifeste et paraissent avoir été inséparables : la religion domestique, la famille, le droit de propriété »[1]. Cette proposition, sauf la réserve que je vais faire, je la crois la vérité même. Elle se vérifie et pour la protection de la demeure par des divinités domestiques, et pour les champs eux-mêmes où certains koudourrous conjurent, à côté des grands dieux, le *lamassu* du propriétaire. Seulement, le caractère sacré de la propriété familiale n'est qu'une manifestation du culte plus général de l'animisme magique. Ce culte a pu servir aussi bien, et il a servi, en réalité, à constituer la propriété individuelle aux dépens de la propriété familiale. C'est la fin principale qu'ont en vue les *kudurru* kassites et que devait viser déjà l'érection rituelle de l'obélisque de Maništu-su. Elle fut longue à atteindre, car il ressort de ces monuments, séparés par un si long intervalle, qu'au ve millénaire av. J.-C. la propriété du sol était, avant tout, familiale et tribale en Chaldée et qu'elle l'était encore deux à trois mille ans plus tard. Tel est le point d'histoire que je voudrais considérer de plus près dans l'étude qui fera suite à celle-ci.

1. *La Cité antique*, livre II, chap. vi, p. 69 (éd. 1866).

Nogent-le-Rotrou, imprimerie Daupeley-Gouverneur.

www.ingramcontent.com/pod-product-compliance
Lightning Source LLC
LaVergne TN
LVHW010314230826
846091LV00007B/3149

9782019256340